I
am
PRO-CHOICE

To stay in touch with us, please visit and Like us at
our Blue State Power Facebook Page.

Hannah Kudens

Published by Blue State Power
Copyright © 2017 Hannah Kudens
All rights reserved.

ISBN: 1545233101
ISBN-13: 978-1545233108

I am PRO-CHOICE
(Take a Stand! Sign and Date Below.)

1. _____

2. _____

3. _____

4. _____

5. _____

6. _____

7. _____

8. _____

9. _____

10. _____

I am PRO-CHOICE
(Take a Stand! Sign and Date Below.)

11. _____

12. _____

13. _____

14. _____

15. _____

16. _____

17. _____

18. _____

19. _____

20. _____

I am PRO-CHOICE
(Take a Stand! Sign and Date Below.)

21. _____

22. _____

23. _____

24. _____

25. _____

26. _____

27. _____

28. _____

29. _____

30. _____

I am PRO-CHOICE
(Take a Stand! Sign and Date Below.)

31. _____

32. _____

33. _____

34. _____

35. _____

36. _____

37. _____

38. _____

39. _____

40. _____

I am PRO-CHOICE
(Take a Stand! Sign and Date Below.)

41. _____

42. _____

43. _____

44. _____

45. _____

46. _____

47. _____

48. _____

49. _____

50. _____

I am PRO-CHOICE
(Take a Stand! Sign and Date Below.)

51. _____

52. _____

53. _____

54. _____

55. _____

56. _____

57. _____

58. _____

59. _____

60. _____

I am PRO-CHOICE
(Take a Stand! Sign and Date Below.)

61. _____

62. _____

63. _____

64. _____

65. _____

66. _____

67. _____

68. _____

69. _____

70. _____

I am PRO-CHOICE
(Take a Stand! Sign and Date Below.)

71. _____

72. _____

73. _____

74. _____

75. _____

76. _____

77. _____

78. _____

79. _____

80. _____

I am PRO-CHOICE
(Take a Stand! Sign and Date Below.)

81. _____

82. _____

83. _____

84. _____

85. _____

86. _____

87. _____

88. _____

89. _____

90. _____

I am PRO-CHOICE
(Take a Stand! Sign and Date Below.)

91. _____

92. _____

93. _____

94. _____

95. _____

96. _____

97. _____

98. _____

99. _____

100. _____

I am PRO-CHOICE
(Take a Stand! Sign and Date Below.)

101. _____

102. _____

103. _____

104. _____

105. _____

106. _____

107. _____

108. _____

109. _____

110. _____

I am PRO-CHOICE
(Take a Stand! Sign and Date Below.)

111. _____

112. _____

113. _____

114. _____

115. _____

116. _____

117. _____

118. _____

119. _____

120. _____

I am PRO-CHOICE
(Take a Stand! Sign and Date Below.)

121. _____

122. _____

123. _____

124. _____

125. _____

126. _____

127. _____

128. _____

129. _____

130. _____

I am PRO-CHOICE
(Take a Stand! Sign and Date Below.)

131._____

132._____

133._____

134._____

135._____

136._____

137._____

138._____

139._____

140._____

I am PRO-CHOICE
(Take a Stand! Sign and Date Below.)

141. _____

142. _____

143. _____

144. _____

145. _____

146. _____

147. _____

148. _____

149. _____

150. _____

I am PRO-CHOICE
(Take a Stand! Sign and Date Below.)

151. _____

152. _____

153. _____

154. _____

155. _____

156. _____

157. _____

158. _____

159. _____

160. _____

I am PRO-CHOICE
(Take a Stand! Sign and Date Below.)

161. _____

162. _____

163. _____

164. _____

165. _____

166. _____

167. _____

168. _____

169. _____

170. _____

I am PRO-CHOICE
(Take a Stand! Sign and Date Below.)

171. _____

172. _____

173. _____

174. _____

175. _____

176. _____

177. _____

178. _____

179. _____

180. _____

I am PRO-CHOICE
(Take a Stand! Sign and Date Below.)

181. _____

182. _____

183. _____

184. _____

185. _____

186. _____

187. _____

188. _____

189. _____

190. _____

I am PRO-CHOICE
(Take a Stand! Sign and Date Below.)

191. _____

192. _____

193. _____

194. _____

195. _____

196. _____

197. _____

198. _____

199. _____

200. _____

I am PRO-CHOICE
(Take a Stand! Sign and Date Below.)

201. _____

202. _____

203. _____

204. _____

205. _____

206. _____

207. _____

208. _____

209. _____

210. _____

I am PRO-CHOICE
(Take a Stand! Sign and Date Below.)

211. _____

212. _____

213. _____

214. _____

215. _____

216. _____

217. _____

218. _____

219. _____

220. _____

I am PRO-CHOICE
(Take a Stand! Sign and Date Below.)

221. _____

222. _____

223. _____

224. _____

225. _____

226. _____

227. _____

228. _____

229. _____

230. _____

I am PRO-CHOICE
(Take a Stand! Sign and Date Below.)

231. _____

232. _____

233. _____

234. _____

235. _____

236. _____

237. _____

238. _____

239. _____

240. _____

I am PRO-CHOICE
(Take a Stand! Sign and Date Below.)

241. _____

242. _____

243. _____

244. _____

245. _____

246. _____

247. _____

248. _____

249. _____

250. _____

I am PRO-CHOICE
(Take a Stand! Sign and Date Below.)

251. _____

252. _____

253. _____

254. _____

255. _____

256. _____

257. _____

258. _____

259. _____

260. _____

I am PRO-CHOICE
(Take a Stand! Sign and Date Below.)

261. _____

262. _____

263. _____

264. _____

265. _____

266. _____

267. _____

268. _____

269. _____

270. _____

I am PRO-CHOICE
(Take a Stand! Sign and Date Below.)

271. _____

272. _____

273. _____

274. _____

275. _____

276. _____

277. _____

278. _____

279. _____

280. _____

I am PRO-CHOICE
(Take a Stand! Sign and Date Below.)

281. _____

282. _____

283. _____

284. _____

285. _____

286. _____

287. _____

288. _____

289. _____

290. _____

I am PRO-CHOICE
(Take a Stand! Sign and Date Below.)

291. _____

292. _____

293. _____

294. _____

295. _____

296. _____

297. _____

298. _____

299. _____

300. _____

I am PRO-CHOICE
(Take a Stand! Sign and Date Below.)

301. _____

302. _____

303. _____

304. _____

305. _____

306. _____

307. _____

308. _____

309. _____

310. _____

I am PRO-CHOICE
(Take a Stand! Sign and Date Below.)

311. _____

312. _____

313. _____

314. _____

315. _____

316. _____

317. _____

318. _____

319. _____

320. _____

I am PRO-CHOICE
(Take a Stand! Sign and Date Below.)

321. _____

322. _____

323. _____

324. _____

325. _____

326. _____

327. _____

328. _____

329. _____

330. _____

I am PRO-CHOICE
(Take a Stand! Sign and Date Below.)

331. _____

332. _____

333. _____

334. _____

335. _____

336. _____

337. _____

338. _____

339. _____

340. _____

I am PRO-CHOICE
(Take a Stand! Sign and Date Below.)

341. _____

342. _____

343. _____

344. _____

345. _____

346. _____

347. _____

348. _____

349. _____

350. _____

I am PRO-CHOICE
(Take a Stand! Sign and Date Below.)

351. _____

352. _____

353. _____

354. _____

355. _____

356. _____

357. _____

358. _____

359. _____

360. _____

I am PRO-CHOICE
(Take a Stand! Sign and Date Below.)

361. _____

362. _____

363. _____

364. _____

365. _____

366. _____

367. _____

368. _____

369. _____

370. _____

I am PRO-CHOICE
(Take a Stand! Sign and Date Below.)

371. _____

372. _____

373. _____

374. _____

375. _____

376. _____

377. _____

378. _____

379. _____

380. _____

I am PRO-CHOICE
(Take a Stand! Sign and Date Below.)

381. _____

382. _____

383. _____

384. _____

385. _____

386. _____

387. _____

388. _____

389. _____

390. _____

I am PRO-CHOICE
(Take a Stand! Sign and Date Below.)

391. _____

392. _____

393. _____

394. _____

395. _____

396. _____

397. _____

398. _____

399. _____

400. _____

I am PRO-CHOICE
(Take a Stand! Sign and Date Below.)

401. _____

402. _____

403. _____

404. _____

405. _____

406. _____

407. _____

408. _____

409. _____

410. _____

I am PRO-CHOICE
(Take a Stand! Sign and Date Below.)

411. _____

412. _____

413. _____

414. _____

415. _____

416. _____

417. _____

418. _____

419. _____

420. _____

I am PRO-CHOICE
(Take a Stand! Sign and Date Below.)

421. _____

422. _____

423. _____

424. _____

425. _____

426. _____

427. _____

428. _____

429. _____

430. _____

I am PRO-CHOICE
(Take a Stand! Sign and Date Below.)

431. _____

432. _____

433. _____

434. _____

435. _____

436. _____

437. _____

438. _____

439. _____

440. _____

I am PRO-CHOICE
(Take a Stand! Sign and Date Below.)

441. _____

442. _____

443. _____

444. _____

445. _____

446. _____

447. _____

448. _____

449. _____

450. _____

I am PRO-CHOICE
(Take a Stand! Sign and Date Below.)

451. _____

452. _____

453. _____

454. _____

455. _____

456. _____

457. _____

458. _____

459. _____

460. _____

I am PRO-CHOICE
(Take a Stand! Sign and Date Below.)

461. _____

462. _____

463. _____

464. _____

465. _____

466. _____

467. _____

468. _____

469. _____

470. _____

I am PRO-CHOICE
(Take a Stand! Sign and Date Below.)

471. _____

472. _____

473. _____

474. _____

475. _____

476. _____

477. _____

478. _____

479. _____

480. _____

I am PRO-CHOICE
(Take a Stand! Sign and Date Below.)

481._____

482._____

483._____

484._____

485._____

486._____

487._____

488._____

489._____

490._____

I am PRO-CHOICE
(Take a Stand! Sign and Date Below.)

491._____

492._____

493._____

494._____

495._____

496._____

497._____

498._____

499._____

500._____

I am PRO-CHOICE
(Take a Stand! Sign and Date Below.)

501. _____

502. _____

503. _____

504. _____

505. _____

506. _____

507. _____

508. _____

509. _____

510. _____

I am PRO-CHOICE
(Take a Stand! Sign and Date Below.)

511. _____

512. _____

513. _____

514. _____

515. _____

516. _____

517. _____

518. _____

519. _____

520. _____

I am PRO-CHOICE
(Take a Stand! Sign and Date Below.)

521. _____

522. _____

523. _____

524. _____

525. _____

526. _____

527. _____

528. _____

529. _____

530. _____

I am PRO-CHOICE
(Take a Stand! Sign and Date Below.)

531. _____

532. _____

533. _____

534. _____

535. _____

536. _____

537. _____

538. _____

539. _____

540. _____

I am PRO-CHOICE
(Take a Stand! Sign and Date Below.)

541. _____

542. _____

543. _____

544. _____

545. _____

546. _____

547. _____

548. _____

549. _____

550. _____

I am PRO-CHOICE
(Take a Stand! Sign and Date Below.)

551. _____

552. _____

553. _____

554. _____

555. _____

556. _____

557. _____

558. _____

559. _____

560. _____

I am PRO-CHOICE
(Take a Stand! Sign and Date Below.)

561. _____

562. _____

563. _____

564. _____

565. _____

566. _____

567. _____

568. _____

569. _____

570. _____

I am PRO-CHOICE
(Take a Stand! Sign and Date Below.)

571. _____

572. _____

573. _____

574. _____

575. _____

576. _____

577. _____

578. _____

579. _____

580. _____

I am PRO-CHOICE
(Take a Stand! Sign and Date Below.)

581. _____

582. _____

583. _____

584. _____

585. _____

586. _____

587. _____

588. _____

589. _____

590. _____

I am PRO-CHOICE
(Take a Stand! Sign and Date Below.)

591. _____

592. _____

593. _____

594. _____

595. _____

596. _____

597. _____

598. _____

599. _____

600. _____

I am PRO-CHOICE
(Take a Stand! Sign and Date Below.)

601. _____

602. _____

603. _____

604. _____

605. _____

606. _____

607. _____

608. _____

609. _____

610. _____

I am PRO-CHOICE
(Take a Stand! Sign and Date Below.)

611. _____

612. _____

613. _____

614. _____

615. _____

616. _____

617. _____

618. _____

619. _____

620. _____

I am PRO-CHOICE
(Take a Stand! Sign and Date Below.)

621. _____

622. _____

623. _____

624. _____

625. _____

626. _____

627. _____

628. _____

629. _____

630. _____

I am PRO-CHOICE
(Take a Stand! Sign and Date Below.)

631. _____

632. _____

633. _____

634. _____

635. _____

636. _____

637. _____

638. _____

639. _____

640. _____

I am PRO-CHOICE
(Take a Stand! Sign and Date Below.)

641. _____

642. _____

643. _____

644. _____

645. _____

646. _____

647. _____

648. _____

649. _____

650. _____

I am PRO-CHOICE
(Take a Stand! Sign and Date Below.)

651. _____

652. _____

653. _____

654. _____

655. _____

656. _____

657. _____

658. _____

659. _____

660. _____

I am PRO-CHOICE
(Take a Stand! Sign and Date Below.)

661. _____

662. _____

663. _____

664. _____

665. _____

666. _____

667. _____

668. _____

669. _____

670. _____

I am PRO-CHOICE
(Take a Stand! Sign and Date Below.)

671. _____

672. _____

673. _____

674. _____

675. _____

676. _____

677. _____

678. _____

679. _____

680. _____

I am PRO-CHOICE
(Take a Stand! Sign and Date Below.)

681. _____

682. _____

683. _____

684. _____

685. _____

686. _____

687. _____

688. _____

689. _____

690. _____

I am PRO-CHOICE
(Take a Stand! Sign and Date Below.)

691. _____

692. _____

693. _____

694. _____

695. _____

696. _____

697. _____

698. _____

699. _____

700. _____

I am PRO-CHOICE
(Take a Stand! Sign and Date Below.)

701. _____

702. _____

703. _____

704. _____

705. _____

706. _____

707. _____

708. _____

709. _____

710. _____

I am PRO-CHOICE
(Take a Stand! Sign and Date Below.)

711. _____

712. _____

713. _____

714. _____

715. _____

716. _____

717. _____

718. _____

719. _____

720. _____

I am PRO-CHOICE
(Take a Stand! Sign and Date Below.)

721. _____

722. _____

723. _____

724. _____

725. _____

726. _____

727. _____

728. _____

729. _____

730. _____

I am PRO-CHOICE
(Take a Stand! Sign and Date Below.)

731. _____

732. _____

733. _____

734. _____

735. _____

736. _____

737. _____

738. _____

739. _____

740. _____

I am PRO-CHOICE
(Take a Stand! Sign and Date Below.)

741. _____

742. _____

743. _____

744. _____

745. _____

746. _____

747. _____

748. _____

749. _____

750. _____

I am PRO-CHOICE
(Take a Stand! Sign and Date Below.)

751. _____

752. _____

753. _____

754. _____

755. _____

756. _____

757. _____

758. _____

759. _____

760. _____

I am PRO-CHOICE
(Take a Stand! Sign and Date Below.)

761._____

762._____

763._____

764._____

765._____

766._____

767._____

768._____

769._____

770._____

I am PRO-CHOICE
(Take a Stand! Sign and Date Below.)

771. _____

772. _____

773. _____

774. _____

775. _____

776. _____

777. _____

778. _____

779. _____

780. _____

I am PRO-CHOICE
(Take a Stand! Sign and Date Below.)

781. _____

782. _____

783. _____

784. _____

785. _____

786. _____

787. _____

788. _____

789. _____

790. _____

I am PRO-CHOICE
(Take a Stand! Sign and Date Below.)

791. _____

792. _____

793. _____

794. _____

795. _____

796. _____

797. _____

798. _____

799. _____

800. _____

I am PRO-CHOICE
(Take a Stand! Sign and Date Below.)

801. _____

802. _____

803. _____

804. _____

805. _____

806. _____

807. _____

808. _____

809. _____

810. _____

I am PRO-CHOICE
(Take a Stand! Sign and Date Below.)

811. _____

812. _____

813. _____

814. _____

815. _____

816. _____

817. _____

818. _____

819. _____

820. _____

I am PRO-CHOICE
(Take a Stand! Sign and Date Below.)

821. _____

822. _____

823. _____

824. _____

825. _____

826. _____

827. _____

828. _____

829. _____

830. _____

I am PRO-CHOICE
(Take a Stand! Sign and Date Below.)

831. _____

832. _____

833. _____

834. _____

835. _____

836. _____

837. _____

838. _____

839. _____

840. _____

I am PRO-CHOICE
(Take a Stand! Sign and Date Below.)

841. _____

842. _____

843. _____

844. _____

845. _____

846. _____

847. _____

848. _____

849. _____

850. _____

I am PRO-CHOICE
(Take a Stand! Sign and Date Below.)

851. _____

852. _____

853. _____

854. _____

855. _____

856. _____

857. _____

858. _____

859. _____

860. _____

I am PRO-CHOICE
(Take a Stand! Sign and Date Below.)

861. _____

862. _____

863. _____

864. _____

865. _____

866. _____

867. _____

868. _____

869. _____

870. _____

I am PRO-CHOICE
(Take a Stand! Sign and Date Below.)

871. _____

872. _____

873. _____

874. _____

875. _____

876. _____

877. _____

878. _____

879. _____

880. _____

I am PRO-CHOICE
(Take a Stand! Sign and Date Below.)

881. _____

882. _____

883. _____

884. _____

885. _____

886. _____

887. _____

888. _____

889. _____

890. _____

I am PRO-CHOICE
(Take a Stand! Sign and Date Below.)

891._____

892._____

893._____

894._____

895._____

896._____

897._____

898._____

899._____

900._____

I am PRO-CHOICE
(Take a Stand! Sign and Date Below.)

901. _____

902. _____

903. _____

904. _____

905. _____

906. _____

907. _____

908. _____

909. _____

910. _____

I am PRO-CHOICE
(Take a Stand! Sign and Date Below.)

911. _____

912. _____

913. _____

914. _____

915. _____

916. _____

917. _____

918. _____

919. _____

920. _____

I am PRO-CHOICE
(Take a Stand! Sign and Date Below.)

921. _____

922. _____

923. _____

924. _____

925. _____

926. _____

927. _____

928. _____

929. _____

930. _____

I am PRO-CHOICE
(Take a Stand! Sign and Date Below.)

931. _____

932. _____

933. _____

934. _____

935. _____

936. _____

937. _____

938. _____

939. _____

940. _____

I am PRO-CHOICE
(Take a Stand! Sign and Date Below.)

941. _____

942. _____

943. _____

944. _____

945. _____

946. _____

947. _____

948. _____

949. _____

950. _____

I am PRO-CHOICE
(Take a Stand! Sign and Date Below.)

951. _____

952. _____

953. _____

954. _____

955. _____

956. _____

957. _____

958. _____

959. _____

960. _____

I am PRO-CHOICE
(Take a Stand! Sign and Date Below.)

961. _____

962. _____

963. _____

964. _____

965. _____

966. _____

967. _____

968. _____

969. _____

970. _____

I am PRO-CHOICE
(Take a Stand! Sign and Date Below.)

971. _____

972. _____

973. _____

974. _____

975. _____

976. _____

977. _____

978. _____

979. _____

980. _____

I am PRO-CHOICE
(Take a Stand! Sign and Date Below.)

981. _____

982. _____

983. _____

984. _____

985. _____

986. _____

987. _____

988. _____

989. _____

990. _____

I am PRO-CHOICE
(Take a Stand! Sign and Date Below.)

991. _____

992. _____

993. _____

994. _____

995. _____

996. _____

997. _____

998. _____

999. _____

1000. _____

I am PRO-CHOICE
(Take a Stand! Sign and Date Below.)

1001. _____

1002. _____

1003. _____

1004. _____

1005. _____

1006. _____

1007. _____

1008. _____

1009. _____

1010. _____

I am PRO-CHOICE
(Take a Stand! Sign and Date Below.)

1011. _____

1012. _____

1013. _____

1014. _____

1015. _____

1016. _____

1017. _____

1018. _____

1019. _____

1020. _____